# MÉMOIRE DE M. FRESNEL,

CONSUL DE FRANCE A DJEDDAH,

SUR LE WADAŸ.

SUITE.

Voici donc dans le Soudan oriental deux grandes monarchies, le Dārfoūr et le Wadaŷ, dont la première jouit du voisinage et du commerce de l'Égypte, mais se trouve limitée à l'est par le désert, qui la met à l'abri d'une invasion égyptienne; à l'ouest, par celui qui la sépare du Wadaŷ; tandis que la seconde, susceptible d'un agrandissement indéfini vers le couchant, est privée par sa rivale d'une communication directe avec l'Égypte et par la nature même de toute relation facile avec les Échelles les plus voisines de la côte nord d'Afrique.

En cet état de choses, le premier besoin du Wadaŷ est de se mettre en relation directe et régulière avec l'Égypte. Dès avant 1810, le sentiment de ce besoin impérieux engagea, comme nous l'avons vu, sultan Sāboūn à diriger une caravane sur l'oasis Dākhel, caravane qui périt intégralement (1). Le même besoin a porté le sultan actuel à promettre une récompense magnifique au *khabîr* de la caravane qui était de retour à Benghāzi en 1846, le hâdjj Huceyn, s'il parvenait à effectuer le trajet du désert de Libye, entre l'oasis de

(1) Non que le désert où elle s'était engagée fût impraticable, mais parce que les guides avaient fait fausse route; à telles enseignes que les Zaghawah la retrouvèrent.

1

Koufarah (ou Kébābo) et l'une de celles qui dépendent de l'Égypte. Ce khabīr m'a dit avoir vu, à l'est de la première, les traces d'une route antique, qu'il aurait fait explorer sur une longueur de deux ou trois journées, et où l'on aurait trouvé une grande quantité de fragments de verre, signe évident d'une fréquentation antique et de l'existence d'une route de Kébābo à l'oasis Dākhel.

Il y a donc lieu d'espérer qu'une communication directe et *immédiate* (sinon *en ligne droite*) pourra être établie dans quelque temps entre le Wadaÿ et l'Égypte, particulièrement si le vice-roi actuel veut donner la main à une pareille entreprise, dont le succès intéresse le commerce du pays qu'il gouverne. En attendant, sultan schérif attire dans sa capitale des artisans de Benghāzi et de la Tripolitaine, principalement des armuriers. Le long séjour qu'il fit à la Mecque, alors qu'il menait la vie d'émigré, en l'initiant aux jouissances d'une civilisation plus avancée que celle du Wadaÿ, devait naturellement le disposer à y favoriser tous les germes de progrès; et, en effet, j'ai appris d'Abdallah de Wāra que les nouvelles constructions royales se rapprochent de celles des Arabes septentrionaux; la brique crue y est recouverte d'un enduit de mortier de chaux, en sorte qu'il y a aujourd'hui des maisons blanches à Wāra. Toutefois ceux qui se louent le plus de sultan schérif ne l'élèvent point à la hauteur de Ṣaboūn, dont la générosité est proverbiale, non seulement dans le Wadaÿ, mais dans tous les États voisins. Sultàn schérif, au contraire, a une certaine réputation d'avarice. — Je reviens à l'histoire du commerce de son empire.

Le pillage de la caravane envoyée en Libye par Abd el-'Azīz Bou-Senoūn devait prolonger et prolongea effectivement la suspension des relations commerciales entre le Wadaÿ et la côte nord d'Afrique, suspension qui datait du massacre des Arabes libyens à Wāra, dans la seconde année du règne de Khariifayn. Cependant, au bout de quatre ans (à dater du pillage de la caravane wadaïenne à Battifal), c'est-à-dire en 1836, on vit arriver à Benghāzi, non une caravane, mais quelques marchands du Wadaÿ, envoyés par le nouveau sultan (Schérif), dans le but de reconnaître : 1° si le gouvernement turc, alors nouveau dans l'ex-régence, devenue pachalik de Tripoli, présentait aux caravanes du Wadaÿ des garanties suffisantes de sécurité ; et, 2°, si le marché de Benghāzi pouvait fournir certains articles dont le besoin se faisait sentir plus vivement que jamais dans l'intérieur du Soudan.

Un ancien marin français, M. Louis Robert, aujourd'hui chef d'une des premières maisons de Tripoli, se trouvait alors à Benghāzi, chargé d'un recouvrement de fonds pour une maison française de Tripoli, celle de M. Lautier, son oncle, auquel il a succédé. C'est à lui que je dois tous les renseignements qui suivent sur les caravanes venues du Wadaÿ après le pillage de celle qui avait été expédiée par Bou-Senoūn en 1832.

M. Robert prit note des demandes des Wadaïens, et leur intima les siennes, s'engageant à les satisfaire dès qu'ils reviendraient à Benghāzi avec les articles africains qu'il voulait se procurer. Des marchands de Benghāzi ajoutèrent leurs demandes et leurs promesses à celles de M. Robert. Quelques uns même voulurent reconduire les explorateurs wadaïens jusque dans leur pays, pour se mettre au fait de toutes les ressources commerciales du Wadaÿ; car il y avait longtemps que tout était rompu, et il fallait renouer sur nouveaux frais.

Enfin, M. Robert, devenu par suite des engagements contractés destinataire en espérance d'une partie considérable d'ivoire, prit sur lui de garantir contre toute avanie éventuelle du nouveau gouvernement turc la première caravane qui viendrait à Audjélah en destination de Benghâzi.

Elle ne se fit pas attendre longtemps, puisqu'elle parut l'année suivante (1837). Elle apportait plus de cent charges d'ivoire. M. Robert la défendit avec succès contre la rapacité de la douane turque, qui (chose à peine croyable!) avait fait main basse sur la totalité des valeurs importées. C'est donc, en définitive, à la fermeté d'un négociant français que le gouvernement turc se trouve aujourd'hui redevable du rétablissement des relations commerciales avec le Wadaÿ, et, par conséquent, d'une portion considérable des revenus du pachalik de Tripoli.

En 1840, on vit arriver à Benghâzi une deuxième caravane, avec plus de trois cents chameaux chargés d'ivoire, y compris le *wakf* (présent destiné aux lieux saints). Elle avait été considérablement retardée par un soulèvement des Arabes de Barkah, qui refusaient de payer l'impôt.

L'année 1843 amena à Benghâzi une caravane de peu d'importance (1).

_______________

(1) Selon un autre renseignement, la troisième caravane de sultan tchérif se rapporterait à l'année 1841, et aurait été fort riche.

Celle de l'année 1846 est la plus riche que l'on ait vue depuis 1840. Elle était forte, au départ, d'environ deux cents chameaux, cinq cents esclaves et soixante quintaux d'ivoire. Mais on sait quelles pertes elle essuya en conséquence du froid et du manque d'eau et de vivres. Elle se trouvait, dans l'hiver de 1845-1846, dans le grand désert de Libye, entre le Wadjanka et Kébābo. Or, il est reconnu qu'une plaine, ou pour mieux dire un plateau couvert de sables, privé de végétation, et situé dans l'intérieur d'un continent, sera toujours, à quelque latitude qu'on le suppose, brûlant en été, glacial en hiver, et d'autant plus que le plateau sera plus étendu. Je me trouvais en juillet 1846 dans l'oasis de Djâlou, au sud d'Audjilah, par une chaleur de 30° Réaumur (maximum du jour) dans la pièce la plus fraîche d'une maison appartenant au scheykh Yoûnous. Ce scheykh Yoûnous m'assura que l'on y éprouvait en hiver un froid excessif.

On peut donc dire en résumé que Benghāzi n'est redevenu *emporium* du commerce de l'intérieur que depuis l'année 1837, un ou deux ans, après l'avénement de sultan schérif (Mohammad-Sālih), roi actuel du Wadaÿ, et que M. Robert a puissamment contribué à rendre ce débouché à ce commerce de l'Afrique centrale avec l'Europe et le Levant. Depuis cette époque, sultan schérif a constamment cherché à étendre ses relations commerciales. Outre la caravane venue en 1846 avec des marchandises appartenant en partie à ses sujets, en partie aux négociants du nord, il voulait en expédier une autre avec ses propres marchandises, et les présents qu'il destinait aux villes saintes ( la Mecque et Médine ). Mais les exigences de la douane

turque retardèrent, ou même empêchèrent absolu-
ment, l'envoi de cette caravane. Sultan schérif préten-
dait que les valeurs destinées aux temples de la Mecque
et de Médine ne devaient être passibles d'aucun droit ;
mais, quoique les pachas de Tripoli et de Benghāzi
comprissent parfaitement la valeur de cette réclama-
tion, ils répondirent que les règlements de la douane
turque ne créent aucun privilège en faveur des *wakfs*
ou dotations pieuses, et la question religieuse fut écartée
par le fisc.

Il serait digne du vice-roi actuel de l'Égypte de la
résoudre au profit des villes saintes, du donateur et de
l'Égypte, *en faisant arriver au Caire les caravanes du
Wadaÿ.*

Ainsi que je viens de le dire, sultan schérif voulait
envoyer à Benghāzi, en 1846, une caravane chargée
non seulement des présents qu'il destinait aux villes
saintes, mais encore des marchandises expédiées pour
son propre compte. Ce prince fait donc le commerce
concurremment avec ses sujets; il le fait même avec
des avantages qui paraîtraient monstrueux en Europe,
car un négociant du Wadaÿ n'oserait rien acheter d'un
marchand étranger avant d'être certain que le sultan
n'a pas jeté son dévolu sur l'article qu'il convoite. Mais
dans un pays où l'initiative de toutes les grandes entre-
prises ne peut venir que du prince, et constitue par
cela même un de ses premiers devoirs, il est naturel de
considérer comme légitime ce que nous appellerions
« la part du lion » dans le point de vue européen.

APPENDICE N° I.

Avant de donner les itinéraires et la table chronologique promis dans le préambule, il est nécessaire de revenir sur plusieurs points essentiels de la *géographie* physique du Wadaÿ et des contrées limitrophes au sud et à l'est, particulièremen sur l'hydrographie de cette région, et les véritables limites du bassin du Tchād du côté du Dārfoūr et du Rounga.

L'on a pu remarquer dans ce qui précède qu'à l'exception des renseignements fournis par des hommes d'origine arabe ou par les voyageurs qui m'ont précédé, tous les autres sont dus à des noirs du Wadaÿ ou à des Fellâtahs occidentaux. Pas un de mes informateurs dont j'ai invoqué le témoignage n'était originaire du Dārfoūr.

Ceci n'est point un trait de négligence. Durant mon dernier séjour à Djeddah, ne pouvant consacrer tout mon temps à l'audition des pèlerins d'Afrique, j'ai dû faire un choix parmi eux, et donner la préférence à ceux que je n'avais pas l'espoir de rencontrer ailleurs. J'ai recherché exclusivement les *Takārnèh* ou Takrouris proprement dits dans l'acception arabe moderne, c'est-à-dire les pèlerins noirs venant des régions à l'*ouest du Dārfoūr*, sachant bien que j'avais peu de chances d'en retrouver au Caire.

Depuis mon retour dans cette métropole (août 1849), j'avais plusieurs devoirs à remplir avant de reprendre mon enquête géographique. Mais toujours impatient de combler une lacune que je ne pouvais pas me dissimuler, j'ai profité des premiers moments de liberté pour rechercher la connaissance des Fôriens qui se trouvent au Caire, et j'ai eu tout dernièrement ( en novembre) plusieurs conférences avec deux schaykhs du Därfoûr, hôtes (*moudjawérin*) de la mosquée el-Azhar. L'un des deux, le schaykh Adam, est Fôrien et de la même race que le sultan du Därfoûr; il parle très bien l'arabe : l'autre schaykh, Mohammad, appartient à une colonie de Fellātah qui s'abreuve aux eaux du Bāré ou Bāri, et se trouve indiquée sur la carte du schaykh Mohammad el-Tounsy dans la relation traduite par M. le docteur Perron.

Les renseignements que j'ai obtenus de ces deux hommes, et qui se trouvent *en partie* conformes à ceux du sultan Teïma, cité par MM. Cadalvène et Breuvery, et *presque entièrement* d'accord avec le témoignage d'I-brahim Roungawi, m'ont conduit à des résultats fort différents de ceux auxquels j'étais arrivé (d'après les renseignements dus aux seuls Wadaïens) : 1° *sur l'origine des cours d'eau du Wadaÿ*; 2° *sur la direction du Zoūm ou Ezzoūm* (1).

Le produit de cette dernière enquète peut se résumer ainsi qu'il suit :

1° Les cours d'eau du Wadaÿ, dont la direction générale est vers l'ouest, ne viennent pas du mont Marrah, comme je l'avais supposé, mais d'un système de montagnes voisin du Marrah, et qui n'en est séparé que par le Zoūm. Ces montagnes appartiennent au pays de Rounga (Rouña, Rouma, Ruma de Browne), dont les habitants vivent en partie sous terre; et ce sont elles

<hr>

(1) La première syllabe de la seconde forme, *Ezzoūm*, n'est sans doute que l'article arabe, avec la transformation obligée, *ez* pour *el*.

qui donnent naissance aux torrents ou rivières du Wadaÿ. Ainsi, à moins de considérer le Rounga comme
province du Dārfoūr [ ce qui est très contestable, puisque les Wadaïens l'exploitent concurremment avec les
Föriens (1)], on ne peut pas dire que les rivières ou
torrents du Wadaÿ ont leur source dans le Dārfoūr. Le
« Bahr Misselad » de Browne, qui ne peut être que le
torrent de Baṭḥā, « coule au nord-ouest » ( voyez *l'A-
frique*, de Ritter, traduction française, t. II, p. 165 ),
ou plutôt vient du sud, et coule ensuite vers l'ouest,
selon un renseignement plus exact : cela revient à dire
qu'il a sa source au sud-est du Wadaÿ, par conséquent
dans les montagnes de Rounga. On peut en dire autant
de l'Oum et-Timān, qui coule entre Sila et Rounga,
et du Roubo, qui traverse le Rounga. Mais alors il faut
bien se garder de confondre (comme je l'ai fait, p. 25
du *Bulletin* de janvier et février 1849) ce dernier courant avec le Zoūm, dont il me reste à parler.

2° Il résulte des renseignements très précis et très
clairs du schaykh Adam que le Zoūm a sa source dans
la partie nord-ouest du Marrah, coule d'abord au sud-
ouest, et reçoit bientôt, sur sa rive gauche, le *Ḳolol* ou
Golol, qui sort de la partie sud du même groupe de
montagnes. Il se réunit plus loin, au pied du Djabal-
Mourni, et par sa rive droite avec le Bāré ou Bāri, dont

---

(1) On prétend que la guerre vient d'éclater, ou est sur le point
d'éclater, entre les deux monarchies, par suite de leur rivalité au sujet
du Rounga. On ajoute que sultan schérif (du Wadaÿ) a été assassiné
dans une émeute, et que sultan Huceyn (du Dārfoūr) envoie une
armée sur Wāra, avec un prince wadaïen, qu'il veut y faire proclamer
sultan. La caravane du Dārfoūr nous apportera dans quelques jours
des nouvelles certaines à cet égard.

la source est au nord du Marrah, mais qui, aussi bien que le Zoûm, revient au sud par l'ouest, en décrivant un plus grand arc. Le Zoûm et le Bāré, combinés en un seul courant qui garde le nom de Zoûm, coupent à ciel ouvert le Djabal-Mourni, chez les Dāguiou ou Dâdjou de Mandalah. Ce fait géologique est très distinctement établi par le schaykh Adam, et nous indique le point où le système des montagnes du Foûr se rattache à celui des montagnes du Rounga.

Après avoir percé le Mourni, le Zoûm court au sud entre le Rounga, à droite, et le Toumourkié, à gauche; puis entre le Benda et le Baya, où il reçoit l'Ada (1), qui vient de l'ouest. A partir de cette jonction, l'Ada et le Zoûm perdent leurs noms, pour prendre celui d'Ileiss ou d'Ilès. L'Ilès continue le cours de l'Ada vers l'est, et se jette finalement dans le Bahr el-Abyad, au pays des Guengués ou Denkas, après avoir arrosé celui des Chelouks. Le schaykh Adam assure que ces deux noms (de Guengué et Denka) désignent la même peuplade, mais sont usités, le premier au Dārfoûr, le second au Sennār. Il compte approximativement deux mois de parcours de la source du Zoûm, dans le Marrah, jusqu'à son confluent avec le Bahr el-Abyad; et le schaykh Mohammad (des Fellātah du Dārfoûr), qui, dans sa patrie, buvait l'eau du Bāré, assure que c'est la « même eau » qu'il boit maintenant au Caire.

---

(1) Le schaykh Adam veut que ce nom soit arabe et signifie «péage» ou « droit de douane. » *'Aadah*, avec un *'ayn*, a effectivement ce sens en arabe, et, par une coïncidence fort remarquable, la première douane fôrienne, du côté du sud, est au passage de l''Ada, que l'on peut ainsi regarder comme l'extrême frontière du Dārfoûr; Bahr el-'Adah serait donc « la rivière de la douane. »

Ces nouveaux renseignements infirment une partie des conclusions précédemment émises (p. 24-32 du *Bulletin* de janvier 1849), et modifient la circonscription du bassin du Tchād du côté de l'est, puisque du point de vue où ils nous placent les deux versants, et généralement toutes les pentes du Djabal-Marrah, par suite la totalité du Dārfoūr, appartiendraient au bassin du Nil : il faudrait même y joindre le versant oriental de la chaîne du Rounga, dont la ligne culminante serait la ligne de partage des deux bassins du Nil et du Tchād, et marquerait la limite de ce dernier au sud-est. Le Zoūm, qui coule au sud, puis à l'est, après sa jonction avec l'Ada, ne pouvait plus être confondu avec le Roubo d'Abdallah de Wāra, puisque le premier dépend d'un bassin et le second de l'autre. Et pour achever la circonscription du Tchād, il n'y aurait plus qu'à prolonger les montagnes du Rounga vers l'ouest jusqu'au Djabal-Mandara (Mandrus-Mons), et à les rattacher, du côté du nord, au plateau sablonneux et désert qui sépare le Wadaÿ du Dārfoūr, et qui se rattache lui-même, vraisemblablement, au groupe de Wadjanga.

La coïncidence frappante que l'on remarque entre le rapport d'Ibrahīm Roūngawi et celui des deux schaykhs fôriens ne permet guère de douter que la totalité du Dārfoūr n'envoie au Nil Blanc le tribut de ses eaux pluviales, et que la montagne située sur la rive droite du Zoūm ne soit la limite du bassin du Tchād au sud-est.

Les courants nommés *Batḥā, Oumm et-Timān* et *Roubo*, dont le premier se décharge dans le Fittré et les deux autres portent leurs eaux dans le Schāry, viennent donc nécessairement du versant occidental de cette même montagne. On sait que j'identifie le Baṭḥā avec le « Bahr-Misselad » de Browne, et que, d'après les derniers renseignements obtenus, je le fais déboucher dans le lac Fittré, qui lui-même n'a pas de déversoir connu (non plus que le grand lac Tchād). Ce résultat de ma dernière enquête est en conformité avec un rapport fait au major Laing, et avec un passage très remarquable de la relation de Browne, où ce voyageur, prenant « Battā » (Baṭḥā) pour un nom de ville, s'exprime en ces termes (*Append.*, p. 464) :

« Battah (*sic*) est situé sur une petite rivière qui vient » du sud, puis, tournant à l'ouest, se jette dans le Bahr » el-Fittré. Battah appartient au Misselad. » Nous avons vu que *Baṭḥā* est le nom d'une vallée et d'un cours d'eau, et que Masslāt ou *Massālit* est celui d'une tribu indigène qui occupe cette vallée.

Voici le renseignement donné par le major Laing (*Journ. of the arts et sciences*, 1823), selon le capitaine W. Allen (*Journal of the royal geographical Society*, t. VIII, p. 298) :

« Mohammad Misrah (Misri) affirme qu'il a fait le » tour du lac Fittré, qui, dit-il, n'a aucun déversoir ou » canal de décharge, c'est-à-dire aucun écoulement » (*outlet*), bien qu'il reçoive une grosse rivière de » 400 yards de largeur à son embouchure. »

Il est à peine nécessaire d'observer que la même rivière peut être grosse, moyenne, petite ou nulle, selon les saisons; mais il n'est pas inutile d'ajouter que ces différences d'état d'une seule et même chose expliquent bien des contradictions apparentes, et doivent nous tenir en garde contre cette disposition négative de l'esprit humain qui nous porte à rejeter en masse les témoignages entre lesquels nous remarquons quelque divergence.

Après cet exposé sommaire des notions nouvellement acquises, relativement au partage des eaux entre le Waday et le Dārfoūr, il me reste à rendre compte de l'examen auquel j'ai soumis la carte ou l'esquisse de carte du sultan Teīma, en ce qui touche l'hydrographie ou la distribution des courants du Dārfoūr, dont jusqu'à ces derniers temps je ne m'étais pas encore occupé d'une manière spéciale.

Mon point de départ avec les schaykhs fôriens avait été le *Bâré* de la carte ou esquisse du schaykh Mohammad el-Tounsy. Le Bâré nous avait conduit naturellement au Zoūm, du Zoūm à l'Ada, et de l'Ada à l'Ilès et au Nil Blanc. Il ne nous restait plus qu'à passer en revue les nombreux courants tracés sur l'esquisse de carte du sultan Teīma.

Ces courants n'ont pas pu être reconnus ou identifiés *un à un*, mais la plupart ou les principaux sont très reconnaissables, et je suis heureux de savoir aujourd'hui que si les premiers éléments de la géographie du Borgou (ou Waday) sont dus à Browne, les premières notions de quelque valeur sur l'hydrographie du Dārfoūr ont été fournies par MM. Cadalvène et Breuvery.

Le premier courant marqué au nord de la carte du sultan Teīma, du côté de l'est, est celui de *Barkoua* (*sic*). Le schaykh Adam le reconnaît pour celui de Borgo (c'est ainsi qu'il prononce ce mot), où s'abreuvent les habitants de Kabkābiyyèh; il se jette effectivement dans le Bāri ou Bāré, comme l'indique la carte ; mais le Bārē ne coule pas au nord, ou du moins ne coule pas longtemps selon cette direction. Il a bien, ainsi que le Borgo, sa source dans le nord de la montagne du Dārfoūr ; mais il court au sud ouest, et va rejoindre le Zoūm, appelé aussi Azeūm sur la carte, où cette jonction importante n'est pas indiquée. Nous avons vu qu'elle a lieu au pied du Djabal-Mourni, vers le Toumourkié, à environ vingt journées de distance du Fascher, selon le schaykh Adam.

Les cours d'eau suivants, qui tous se réunissent au Zoūm, en procédant du nord au sud, et sur la pente occidentale du Marrab, sont (abstraction faite des moindres filets d'eau) le Salwā, le Foū, le Kétergué, le Gāri et le Ḳolol ou Golol ; puis enfin le Kéōra, qui traverse l'Abadīma. A l'exception du Kétergué, que je ne trouve point marqué sur la carte du sultan Teīma, on reconnaîtra facilement tous ces noms, que j'ai dû écrire comme je les entendais prononcer.

Quant aux courants de l'est, tels que Wadi'Iḳoū, le Guendi et le Bulbul ou Boulboul (que schaykh Adam identifie avec Wādi-Mourr-Solongué), etc., mes informateurs n'ont pas pu me dire où ils se perdent.

Mais ils n'ont aucune connaissance du Bahr-Domé, qui, selon la carte, coulerait vers l'ouest, et recevrait le Zoūm.

Ici, il faut prendre un parti, et opter entre le témoignage de sultan Teīma d'une part, et ceux d'Ibrahim-Roungawi, schaykh Adam, fōrien, et schaykh Mohammad des Fellātahs du Bārē, d'autre part, qui affirment tous les trois que le Zoūm va rejoindre l'Ada, et ensuite coule *vers l'est*, sous le nom d'Ilès, jusqu'à son confluent, avec le Bahr el-Abyad, chez les Denkas. Je n'hésite point à accepter le témoignage des trois derniers.

La carte du sultan Teïma, carte que je n'ai étudiée que tout dernièrement, depuis mon retour au Caire, représente le partage des eaux entre le bassin du Nil et celui du Tchâd, tel que je me l'étais représenté en dernier lieu, puisque, selon son tracé, le Zoûm et tous les courants de la pente occidentale du Marrah appartiendraient au second de ces bassins. Mais la conformité frappante du rapport des deux schaykhs fôriens avec celui d'Ibrahim Roungawi (voyez la Préface du *Voyage au Darfour* du schaykh Mohammad el-Tounsy, p. xxvj, par M. *Jomard*) m'oblige de rendre au pèlerin de Rounga la confiance que je lui avais retirée, et par suite de placer la ligne de partage des deux bassins dans les montagnes mêmes de son pays.

Selon le schaykh Adam, ces montagnes ne seraient pas fort hautes, mais creusées de cavernes qui servent de retraites aux noirs de cette malheureuse contrée lorsque les Fôriens ou les Wadaïens viennent leur donner la chasse. Le peu d'élévation de cette chaîne explique d'une manière satisfaisante le peu d'importance des courants du Wadaÿ, qui se trouvent réduits à quelques flaques d'eau durant une partie de l'année.

En ce qui touche les pays situés au sud de l'Ada, le schaykh Adam assure que les koundjâra ou soldats du sultan poussent leurs razzias contre les nègres païens jusqu'à trois mois de marche au sud de cette limite (l'Ada); d'où je conclus que, dans les quatre mois de sultan Teïma, se trouve comprise la distance du Fâscher à la frontière méridionale de l'empire. Chemin faisant, ils traversent un nombre considérable de courants de peu de largeur, mais d'une grande profondeur, et sur lesquels ils sont obligés de jeter des ponts faits de troncs d'arbres. Ceux qui ont le malheur de tomber dans ces précipices sont immédiatement dévorés par les crocodiles, qui y abondent. Les ânes sont les seuls animaux qu'on puisse employer dans ces expéditions lointaines et difficiles.

A peine les Fôriens ont-ils passé une rivière, que les indigènes viennent enlever leur pont, qu'ils devront au retour construire sur nouveaux frais. Mais comme la végétation est luxuriante dans toute l'Afrique équatoriale, le matériel des ponts volants n'y fait jamais défaut.

Le schaykh Adam ne doute pas que le *Kadâda* d'I-brahim Roungâwi ne soit identique avec le Bahr el-Ada des Fôriens, et c'est aussi ce que j'ai admis implicitement, sans songer à en avertir : mais il n'est point d'accord avec le pèlerin de Rounga sur l'importance relative du Zoûm et de l'Ada ; car le schaykh Adam regarde la dépense d'eau du premier courant comme supérieure à celle du second. Je crois que le contraire est la vérité.

Maintenant que nous sommes fixés, au moins provisoirement, sur la direction de l'Ada ou Kadâda, qui coule de l'ouest à l'est, au sud du Dâr-Rounga, et forme l'Ilès par sa jonction avec le Zoûm, il nous est bien permis de l'identifier avec le *Bahr-Wamba* d'Abdallah de Wâra (p. 25 du *Bulletin* de janvier 1849), c'est-à-dire avec la rivière qu'il vit dans le Wamba, au sud du Rounga et à l'ouest du Benda ; d'autant que, selon le témoignage du schaykh Adam, l'Ada sort du Benda, pour se joindre au Zoûm (on se rappelle que le Bahr-Wamba coulait de l'ouest à l'est).

---

Peu après l'expédition du manuscrit qui a paru dans le *Bulletin* de la Société de géographie (janvier et février 1849), j'adressai de Djeddah à M. Jomard plusieurs lettres contenant des additions et rectifications importantes, espérant qu'elles arriveraient assez tôt pour que le manuscrit pût être corrigé avant l'impression. Cet espoir a été déçu, et j'ai même lieu de craindre que quelques unes de mes lettres ne soient point parvenues à leur destination (1). C'est ce qui m'engage à donner les extraits suivants, en rappelant ce que j'ai déclaré dans ma lettre au ministre des affaires étrangères, qu'un travail de la nature de celui que je poursuis en ce moment est « susceptible de corrections indéfinies, » et en ajoutant qu'il ne peut nous conduire à la vérité absolue que par une suite de corrections résultant de la comparaison d'un nombre infini de témoignages. Et à cette occasion, je ne puis pas m'empêcher d'observer que si l'on prenait la peine d'interroger les pèlerins musulmans de nos possessions du Sénégal, on pourrait obtenir d'eux les renseignements les plus complets sur les parties les moins connues de l'intérieur de l'Afrique, au nord du cinquième parallèle.

(1) La Société de géographie a publié tous les renseignements qu'elle a reçus de M. Fresnel. (*N. du R.*)

PREMIER EXTRAIT.

Djedda, 21 décembre 1848.

. . . . . . . . . . . . . . . . . . . . . . . . . . .

« Un Wadaïen de la vallée de Baṭḥā, avec lequel je viens d'avoir une longue conférence, m'assure que le courant dont cette vallée forme le lit, et dont la pente est vers l'ouest, se jette, à l'époque des pluies, dans le lac Fittré, et non pas dans la rivière Oumm et-Timān, comme je l'avais écrit sur la foi d'un autre Wadaïen dans la nouvelle copie de la notice sur le Wadaÿ... »

« Le nouvel informateur est Masselāti (c'est-à-dire de la tribu africaine des Masselat ou Massālīt), et sa demeure occupait un point de la vallée de Baṭḥā, situé à cinq journées de caravane au sud-ouest de Wāra. De ce point jusqu'à l'embouchure du Baṭḥā, dans le Fittré, on compte quatorze journées. Chemin faisant, on traverse la province de Modogo, occupée par les *Koūka*, nom d'une tribu indigène, et la direction constante du voyage est de l'est à l'ouest.

» En partant de ce même point de la vallée, situé à cinq journées au sud-ouest de Wāra, on arrive, après quatorze journées de marche vers le sud-ouest, au bord d'un courant nommé Fōguio (Fōdjo, Fōdji), sur le territoire occupé par la tribu arabe des Oūlād-Rāschid. A trois journées plus loin, ce courant débouche dans le lac Bougdy. Le Bougdy se déverse dans le Bōr, à deux journées de là; et enfin les eaux du Bōr se déchargent elles-mêmes dans le grand lac d'Andōmā, à une journée plus loin. Ce dernier (le lac d'Andōmā) égale le Fittré en étendue, et tout le système hydrographique appartient aux Oulād-Raschīd.

» Revenons encore au point de départ que nous

avons fixé dans la vallée de Baṭḥā. En partant de ce point, et se dirigeant vers le sud-sud-ouest, on traverse le pays de Godayḥ ou Ḳowdeyḥ, et l'on arrive, après dix-sept jours de marche, sur le bord de l'Iro, du territoire des *Arabes* Salāmāt. Suivant mon informateur, cet Iro se jette dans l'Aira (ou Êra), qui porte ses eaux au Schāry, fleuve du Bāguermy.

» En vous transmettant ces nouveaux renseignements, je ne saurais me dispenser d'ajouter que le caractère de celui qui me les donne m'inspire beaucoup de confiance.

» Du reste, il est d'accord avec tous les autres sur un fait essentiel : je veux dire sur les latitudes relatives des principaux points de la route des Takrouris occidentaux. Selon lui, comme selon eux, Kōbeyh, Tendallé, Wārah, Fittré, Moéto et Logoun-sur-Schāry, seraient à peu près sur le même parallèle, et ce parallèle passerait au sud du lac Tchād, à une distance fixée par la position de Logoun.

» J'ai communiqué à M. le docteur Roulin la déposition de ce même Wadaïen en ce qui concerne l'animal nommé abou-ḳarn. . . . »

DEUXIÈME EXTRAIT.

Djeddah, 11 février 1849.

« . . . . . . . . . . . . . . . . . . . . . . . . . . . . . . . . . . . . . . . . . On ne peut pas exiger d'une science qui procède, par voie d'enquête, que chacune des données dont elle se forme soit marquée au coin de la certitude. Les tâtonnements sont de son essence. Il suffit de savoir que ces tâtonnements doivent, en fin de compte, nous mener à la vérité. . . . . . . »

« Une des rectifications les plus importantes est relative au cours du Baṭḥā, improprement désigné sur nos cartes (d'après Browne) par le nom de « Bahr-Misselad.

» Il résulte de la confrontation de deux témoins du Wadaÿ que le Baṭḥā se jette dans le Fittré à l'époque des pluies. Sa direction générale dans le Wadaÿ proprement dit est de l'est-nord-est à l'ouest-sud-ouest. Mais, comme nous savons d'ailleurs que ce courant vient du sud-ouest, il s'ensuit qu'il décrit une courbe dont la concavité regarde le sud.

» Le courant appelé Oūmm-et-Tīmān se jette dans l'Iro, qui est la rivière des Sālāmāt ; l'Iro se jette dans l'Êra, qui porte ses eaux au Schäry, dans le Baguermi. . . . . . »

De la comparaison de ces rapports avec ceux d'Abdallah Masselāti et d'Abdallah de Wāra (p. 24 et 25 du *Bulletin* de janvier 1849), on peut conclure que le *Roubo* du Rounga n'est autre que l'*Iro* des Sālāmāt ou la rivière dont on apporta un poisson à Abdallah Masselāti (p. 26), et probablement enfin le *Domé* de sultan Teïma. Rien de plus connu et de plus naturel que cette diversité de noms dans un continent où le langage varie du tout au tout, pour ainsi dire, à chaque étape.

Ce qui suit est extrait d'une lettre que j'adressais à M. J. Mohl il y a plus d'un an, et sur le sort de laquelle je suis également privé de renseignements. Elle se rapportait à certaines propositions erronées des pages 38 et 41 du *Bulletin* de janvier 1849.

## TROISIÈME EXTRAIT.

Djeddah, 20 octobre 1848

. . . . . . . . . . . . . . . . . . . . . . . . . . . . . .

«Dans une notice géographique adressée au ministre des affaires étrangères, j'ai avancé que Léon l'Africain est le premier auteur arabe qui ait parlé du *Bornou*, l'un des principaux royaumes du Soudan. Je ne connaissais encore que l'abrégé ou un *abrégé arabe* des Voyages d'Ibn-*Baṭṭouṭah*, dont je possède un très bon manuscrit. J'ai lu depuis lors l'extrait du texte original, traduit et publié par M. Mac Guckin de Slane, dans le *Journal Asiatique* de mars 1843, et j'y ai vu que « le cuivre des mines de Takedda s'exportait à Kouber… et à Bernou (*sic*), pays situé à quarante journées de Takedda, etc. (p. 235)… » Il est évident qu'il s'agit ici du Bornou ; et comme Ibn-Baṭṭoūṭah florissait au xiv⁰ siècle, il s'ensuit que Léon l'Africain n'est pas le premier écrivain arabe qui ait parlé de ce royaume. L'extrait de M. de Slane nous apprend d'ailleurs que, dès le siècle d'Ibn-Baṭṭoūṭah, ce pays était habité par des musulmans, dont le roi, nommé Idris, ne se montrait jamais en public et ne parlait à personne que « de derrière un rideau. (Voyez la planche qui se rapporte aux pages 78 et 79 de la Relation anglaise du Voyage de Denham et Clapperton.) Je sais d'ailleurs que le Bornou est traditionnellement considéré au Wadaÿ comme la plus ancienne monarchie musulmane du Soudan. Il est donc bien étonnant que des géographes tels qu'Édrici et Aboulféda ne nous en aient pas dit un mot.

» Au reste, la relation *in extenso* donnée par M. de Slane, quelque intéressante qu'elle soit d'ailleurs, ne nous apprend rien de plus que l'abrégé arabe en ce qui touche le cours du Nil ou plutôt le cours du Niger, supposé identique avec le Nil d'Égypte (hypothèse qui date du temps d'Hérodote, si elle ne remonte pas plus haut, et qui s'est conservée jusqu'à nos jours chez les Africains occidentaux-*Hesperii*).

» Mais nous devons aux savantes recherches de M. de Slane de nous avoir mis sur la voie de la vraie leçon, ou véritable manière de lire le texte, en ce qui concerne le nom d'une contrée fort importante du Soudan, arrosée par le Niger, et dont la détermination est d'autant plus intéressante que le lieu représenté par ce nom est celui où s'arrêtaient les renseignements véritables du voyageur arabe sur le cours du Niger.

» Le nom de cette contrée a été lu *Bowy* par Burckhardt (*Nubia, Append.*, n° III, p. 491), et par moi *Yéwi* ou *Yéwa*, d'après mon manuscrit arabe. M. de Slane a lu le même mot *Youfi :* « Le fleuve coule ensuite du Mouli à *Youfi*, etc. (p. 201-202), » d'après plusieurs manuscrits du texte original, dont un au moins est de la plus haute autorité.

Je crois cependant que la véritable leçon est *Noufy*, nom qui se trouve aujourd'hui sur toutes nos cartes d'Afrique, quoique avec des voyelles différentes. On sait que, dans l'alphabet arabe, les lettres *b, n* et *y* ne diffèrent (quant à la figure) que par le nombre et la position des points diacritiques. De là l'erreur des copistes en ce qui touche la lettre initiale du nom. Quant au *fé* ou *fa*, il manquait dans le manuscrit de Burckhardt, ainsi que dans le mien ; mais il se trouve heureusement dans ceux que M. de Slane a pu consulter, et c'est cette lettre essentielle qui m'a donné la clef du nom que je cherchais en vain à retrouver (p. 41 du texte imprimé).

» Effectivement, le pays de Noûfy, bien connu depuis l'exploration des frères Lander, se trouve sur la rive gauche du Niger, et vers la partie inférieure de son cours, avant sa jonction avec la Tchadda.

» A l'exception de ce seul nom propre, je crois que M. de Slane a parfaitement lu tous les noms de lieu cités par Ibn-Battoûtah, noms qui sont d'ailleurs pour la plupart épelés dans les textes. Je ne sais pourquoi j'ai lu *Kār-Sankhoū* au lieu de *Kār-Sakhoū*, mot qui est écrit et épelé dans l'abrégé comme dans le texte de M. de Slane, et *Ayoulāten* au lieu *Iwalāten*, qui est effectivement la vraie prononciation du mot (les lettres arabes restant les mêmes). Mon manuscrit porte *Zāghazy*, par deux *zay* ou *zā*, au lieu de *Zāghary* (par un *z* et un *r*), et *Tāsahlā* ou lieu de *Teserehlā*.

» Mais, quelle que soit l'autorité des manuscrits que M. de Slane a eus sous les yeux, on ne peut accepter aucune des quatre leçons qu'il rapporte (d'après les mêmes manuscrits), dans la note (2) de la page 198. Je suis toutefois disposé à croire que le savant traducteur d'Ibn-Battoûtah n'a pas bien lu le texte du manuscrit *A* (ou manuscrit qu'il désigne par la lettre *A*), et que ce manuscrit doit porter, comme mon abrégé, le mot *istāsa*. En effet, rien de plus facile que de confondre, dans l'écriture africaine, un *sin* final avec un *mīm* suivi d'un *noūn* final, attendu que, dans cette écriture, le *noūn* final ne prend pas de point diacritique.

» Or *istāsa* est la viiie forme de *sāsa*, *yasāsou*, qui, ainsi que le passif *sîsa*, a le même sens que la forme primitive, et signifie « être piqué des vers, ou vermoulu. »

» Voici le passage auquel se rapporte la note de M. de Slane :

» *Wabihâ aschdjâroun ḳad* IsTĀsA *dâkhilouhâ wa'stanḳa'a fîhi 'lmâou, waṣâna djawfouhâ ka'lbini, wahwa mamloûȯun bimâï 'lmaṭari, yastaḳî 'nnâsou minhou.*

» M. de Slane a très bien *deviné* en traduisant ainsi : « Parmi ces arbres, il y en a de *creux*, etc. » Le sens littéral est celui-ci : « Parmi ces arbres, il y en a dont l'intérieur est *vermoulu*, etc. »

» C'est du reste une notion fausse d'Ibn-Baṭṭoûṭah, si j'en juge d'après les renseignements que m'ont fournis les pèlerins noirs pour ce qui concerne les arbres creux (*tembaldi*), que l'on trouve en abondance dans le désert entre le Dārfoūr et le Ḳordofān. Ces arbres, dont les dimensions sont énormes et le bois très mou, sont creusés *à coups de hache* à partir du point où ils se bifurquent, c'est-à-dire du sommet du tronc. L'opération étant faite sur l'arbre jeune, la citerne grandit avec lui, et devient une ressource précieuse pour les Arabes ou les pèlerins qui traversent le désert après la saison des pluies. Le *tembaldi* est le *Baabab Adansonia.*

» Si le vide des arbres dont parle Ibn-Baṭṭoûṭah n'était pas artificiel, il y aurait toujours lieu de croire qu'il ne provenait pas de la corrosion des vers ou *vermoulure*, mais de la maladie connue sous le nom de « carie des arbres. »

## *Avertissement.*

Les différents itinéraires réunis dans ce second appendice ne sont pas rangés selon l'ordre indiqué par le texte auquel ils se rapportent. Mais il suffit que le lecteur en soit averti. Il devra donc chercher, non au commencement, mais à la fin de cette dernière partie, les itinéraires des lignes qui appartiennent au grand désert de l'Afrique septentrionale, et procéder en remontant (ou partir du commencement) pour trouver ceux qui dépendent du Soudan et de l'Afrique centrale. Ceux-ci, m'ayant paru les plus intéressants de beaucoup, j'ai cru devoir les donner avant les autres, et par ce moyen mettre en sûreté la meilleure partie de mon butin. Nous ne pourrons pas manquer de connaître bientôt, étape par étape, et heure par heure, toutes les routes du désert africain ; mais l'intérêt qui s'attache au système hydrographique du Soudan et à son immense canalisation naturelle appelle aujourd'hui notre attention d'une manière irrésistible, aujourd'hui que la vapeur nous fait remonter les fleuves, pour ainsi dire, jusqu'à leur source.

Dans les feuilles de route dont cette dernière partie offre le recueil, les distances sont uniformément exprimées en *journées de caravanes*, mesure dont il importe de déterminer la compréhension, et par suite la valeur moyenne. Malgré tous mes efforts pour imposer à mes informateurs une seule et même unité de longueur, et fixer par une bonne définition la valeur moyenne d'une *journée de caravane*, je n'ai certes pas réussi à écarter toutes les chances d'erreur ; mais je suis parvenu, je crois, à les renfermer entre des limites assignables. Par « journée de caravane, » j'ai entendu et voulu faire entendre « la journée des marchands ou *djellabs* voyageant en pleine paix, par monts ou par vaux, avec des chameaux chargés. »

Or, d'après ma propre expérience et tous les renseignements que j'ai recueillis, cette *journée* peut osciller, suivant les lieux et les saisons, entre 6 et 9 lieues communes de France (de 25 au degré), ce qui donne une moyenne de 7 lieues et demie pour la journée de caravane (1). Remarquons en passant, comme une chose très digne de remarque, que la moyenne des distances parcourues en une heure par des chameaux chargés se trouve précisément égale à une lieue commune de France, ou $2^e\ 24'$, ce qui doit faire préférer cette unité à toute autre dans nos possessions d'Afrique présentes et à venir, puisque la lieue y est donnée par l'heure quand on suit une caravane marchande.

(1) En Arabie, les journées de caravanes peuvent varier du simple au double. Elles ne sont guère que de 5 heures (5 lieues) dans le midi de la péninsule (Yémen et Hadramaut). Elles vont jusqu'à 10 lieues dans le Nedjd. Ces deux limites extrêmes donnent toujours la même moyenne arithmétique de 7 heures et demie ; mais je ne crois pas qu'elles soient applicables à l'Afrique. Il y a sans doute de très longues étapes, c'est-à-dire beaucoup de marches forcées dans le grand désert africain ; mais ces grandes étapes sont immanquablement compensées par de longues haltes dans les lieux où l'on trouve de l'eau et du fourrage. D'autre part, je ne crois pas qu'il y ait dans le monde musulman de voyageurs aussi paresseux, aussi ennemis de la fatigue, que les habitants du Yémen, qui ne font que 5 lieues par jour pour se rendre de Sa'nâ à la Mecque. L'Yémen est l'*Ionie* des Arabes.

Cependant, comme les *journées* de nos itinéraires peuvent varier de 6 à 9 lieues, il est évident que chacune des routes ou distances, mesurées en unités de cette espèce, doit donner lieu à une « discussion, » sans laquelle elle ne pourrait pas être « construite » (sur la carte). J'ai laissé, en général, cette discussion aux personnes qui sont à même de consulter tous les recueils géographiques et toutes les relations publiées jusqu'à ce jour.

En ce qui touche les « directions » (*bearings*), partie essentielle de tout itinéraire, elles sont en général bien *indiquées* par les voyageurs musulmans, mais non pas toujours bien *comprises*. Le pèlerin ou le djellab, transporté pour la première fois dans la demeure d'un Franc, sait, en entrant, de quel côté de la chambre il devra se tourner pour faire sa prière, s'il y a lieu à la faire séance tenante. Les méandres d'une ville arabe ne peuvent pas le désorienter. Lors donc qu'on l'interroge sur l'une de ses excursions (la mémoire de ces gens-là est bien plus sûre que la nôtre), il commence par se supposer au point de départ, et voulant faire connaître la direction qu'il a suivie *pour se rendre d'un point à un autre*, il ne nomme pas tel ou tel rhumb de vent; il le montre du doigt. Ce geste dit tout ce que l'on veut savoir. C'est au spectateur à le saisir de l'œil et à le traduire en langue européenne. On conçoit que l'obligation de se tourner vers la Mecque pour faire sa prière, sur quelque point du globe qu'il se trouve, met tout musulman dans la nécessité de porter sa boussole dans sa conscience. La même obligation n'existant pas pour le chrétien, il en résulte, pour lui, une sorte d'infériorité, une faculté pratique de moins, en ce qui touche la connaissance des quatre points cardinaux et de leur relation à un point fixe.

Les dénominations des aires de vent varient beaucoup, selon les lieux et les castes, dans la langue usuelle des Arabes. Les marins désignent les points de l'horizon par des noms empruntés aux étoiles qui leur correspondent. Les lettrés ont d'autres noms pris dans la langue classique. Les bateliers du Nil ont une terminologie toute locale, différente par conséquent de celle des Bédouins de l'est et de l'ouest, etc., etc. Toutes ces nomenclatures appartiennent bien à un seul et même fonds de la langue arabe, mais y créent une telle confusion que l'on aurait de la peine à s'entendre, avec toutes les ressources de cette langue, si l'on était réduit à l'emploi des *mots*, parlés ou écrits, pour représenter la direction d'une ligne dans l'espace : aussi Burckhardt nous conseille-t-il de mettre de côté toute cette synonymie géographique, et de nous borner à demander au pèlerin d'Afrique : « Quelle ville ou quel pays il » avait devant lui ou derrière lui, à droite ou à gauche, » en faisant sa prière sur un point donné ;... car, ajoute- » t-il, la *kiblah*, ou direction de la Mecque, est passa- » blement bien connue dans toute l'Afrique. » (s. e, musulmane.) [*Nubia. Append.*, n° 1, p. 434, note (*).] Cette kiblah est sans doute un repère plus certain que le levant ou le couchant : mais n'est-il pas encore et plus simple et plus sûr de *bien voir* et de traduire en langue européenne, lorsque l'on sait s'orienter, la *direction du bras* qui vous montre exactement ou à très peu près celle de la route suivie par le pèlerin pour se rendre d'un point à un autre ?

Il ne faudrait pas conclure de ce qui précède que les

directions indiquées dans les itinéraires suivants méri-
tent toute la confiance du géographe. L'essai de discussion du premier itinéraire (de Wăra au lac Blanc)
met en évidence les erreurs possibles. Je désavoue
donc toute prétention intempestive à un degré d'exac-
titude ou d'approximation qui ne peut résulter que de
la confrontation de tous les rapports existants, celui-
ci compris ; et, sans plus d'observations, je passe au
détail des routes suivies par les pèlerins et djellâbs, en
commençant par celles dont j'ai pris note en dernier
lieu à *Djeddah* (1848). Les nouveaux renseignements
que je pourrai recueillir, pendant le cours de ce re-
levé, y seront interpolés au fur et à mesure de leur
accession.

----

En prenant Wăra pour point de départ, et rayon-
nant vers le sud de l'est à l'ouest, on a au sud-sud-est
le pays de Rounga (Rouña, Rouma, Ruma) ; au sud et
au sud-sud-ouest, le territoire des Arabes Salāmāt,
commandés par le schaykh Dhiyāb ; et au delà, les
païens ou *djanākhérah* (sing., *djankhary*) de Goula
(Ḳoula, Ḳulla) ; au sud-ouest, les Oulād-Raschid, dont
la rivière est le Fōgui ou Fōgué ; à l'ouest-sud-ouest et
à l'ouest, le Bāguermi.

I.

*Itinéraire de Wāra au lac Blanc ( Baḥr-Abyaḍ du centre ou méridional ), de cours d'eau en cours d'eau, selon Abderraḥman, Wadaïen.*

Direction constante (?), sud-ouest.

Journées de caravane.

De Wāra au Fōgui, fleuve ou rivière des Oulād-Raschèd. . . . . . . . . . . .   19

Du Fōgui au bord du Bogody (Bougdy, Boghly ). . . . . . . . . . . . . . .   6

Du Bogdy au bord de l'Erdeb. . . . .   6

De l'Erdeb au bord du Mérōdou (ou Mé-rōrou). . . . . . . . . . . . . . . .   5

Du Mérōdou au Schingui (Singui ) . . .   2

Du Schingui (Singui) au bord du Densi.   7

    ( Toutes ces rivières coulent à l'ouest ou au nord-ouest.)

Du Densi au bord du lac Blanc . . . . .   10

———————

           Total. . . . . . .   55 journ.

Du point de ce lac, où aboutit l'itinéraire, jusqu'à l'embranchement de la prise d'eau du Bossou. . .   20(?)

« Le Bossou, dit notre informateur, se jette dans la rivière de Sokoto. »

Cela veut dire que le Bossou (ou Boussou) coule au nord-ouest et se confond avec la Tchadda, qui se jette (comme on sait) dans le Niger ou Kouāra, appelé ici « rivière de Sokoto, » parce que la rivière de Sokoto (Sakkatou) se jette elle-même dans le Niger.

Ces renseignements m'ont été fournis en 1848 par un vieux soldat du Wadaÿ, qui avait fait deux fois le voyage du lac Blanc, mais a entendu parler du phénomène en question à des témoins oculaires, et ajoute, d'après leur rapport, « que la fumée se montre dans le jour et le feu pendant la nuit. »

Ainsi donc plus de doute sur l'existence des volcans africains.

J'ai marqué d'un point d'interrogation la donnée relative au Bossou (ou Bousso), porce qu'elle fut provoquée par une question que je ne suis pas certain d'avoir fait comprendre, attendu que le soldat-pèlerin ne savait l'arabe que très imparfaitement. Il est donc possible qu'il y ait eu malentendu sur ce point important. Toutefois le fakīh fellātah ne doute point qu'il n'y ait communication par le lac Blanc entre le Kouāra et le Nil d'Égypte. Il n'admet d'ailleurs aucune communication de l'un ou l'autre bassin avec la mer « de Karka [c'est ainsi qu'il nomme le Tchād (1)].

Les cinquante-cinq étapes données par le soldat wadaïen, pour la distance entre le Wāra et le lac Blanc, restent fort en deçà du chiffre accusé par d'autres renseignements. En général, la limite des excursions dans le sud est fixée à une distance de *trois mois*, et cette limite est toujours le lac Blanc. La largeur de ce lac, selon les premiers rapports qui me furent faits par des témoins oculaires, serait telle que, de l'un de

(1) Tchād est le nom bornouan du lac découvert par Denham et Clapperton. Le même lac se nomme ailleurs *Baḥr-ez-Zalām*, *Baḥr-el-Feyḍ*, *Baḥr-noūḥ*, *Baḥr-Karka* ( mer de l'obscurité, de l'inondation, de Noé, de *Karka*). *Karka* est un archipel situé à l'angle nord-est du lac, et est occupé par les *Koūri*, peuplade sauvage.

ses bords on n'apercevrait pas l'autre. Selon le faḳīh Ibrāhīm, de Schokheu (le fellātah dont je viens de parler), cela ne serait vrai qu'à l'époque des pluies. Hors de cette saison, le lac se décomposerait en étangs et marais (birak-birak).

Quant à sa distance de Wāra, elle peut être jugée très approximativement sur cette donnée du faḳīh : « que ceux qui font l'expédition du lac Blanc restent *six mois* absents. »

Il n'en faut pas conclure que la distance de Wāra au grand lac méridional soit de *trois mois* ou quatre-vingt-dix journées; mais il faut admettre, avec le savant auteur de la Préface du *Voyage au Darfour* (1), que la route de Wāra au lac Blanc doit comprendre environ quatre vingts étapes. Et en effet, vingt jours pour les haltes et les affaires, dans un voyage de six mois (aller et retour), ce n'est certes pas trop.

En ce qui touche la longueur des étapes, elle varie nécessairement selon les saisons et en raison du train que l'on mène avec soi. Abderrahmān ne compte que cinquante-cinq journées là où les autres en comptent quatre-vingts. Or, dans un pays entrecoupé de rivières et de marais, il n'est guère possible de faire plus de neuf lieues par jour dans la saison sèche, ni moins de six dans la saison humide. 55 étapes à raison de 9 lieues donnent 495 lieues, et 80 étapes de 6 lieues chacune en donnent 480. Différence, 15 lieues (différence minime pour une distance de près de 500 lieues).

Mais voici l'itinéraire que me fournit le faḳīh Ibrāhīm pour la partie du voyage comprise dans les États du

(1) Page xxii et suivantes.

sultan de Wāra. On va voir que cet itinéraire partiel, dont le schaykh peut nommer de mémoire presque toutes les étapes, donne le même rapport (6 : 9), avec la portion correspondante de celui du soldat.

## II.

*Itinéraire de Wāra à Fōgué (ou Fógui), près du territoire des Oulād-Rāschid, en passant par Schokheu (colonie de Fellātah, fondée sous le règne de sultan Darat).*

### Direction, sud.

Journées.

De Wāra, située dans une plaine sablonneuse, à Oufār-Melè . . . . . . . . . . . . . . 1

De Oufār-Melè à Käschméré (terre argileuse). 1

A Kalignān (terrain pierreux) . . . . . . . . 1

A Armañan (Armağan) (sable, cailloux, argile). . . . . . . . . . . . . . . . . . . 1

A Habileh (terre cultivée) . . . . . . . . . . 1

A Kâdjalṅga (culture) . . . . . . . . . . . 1

A Schokheu (sables) . . . . . . . . . . . . 1

### Direction, ouest-sud-ouest.

De Schokheu à Omm-Hommeydah, où sont les esclaves-tisserands du sultan de Wāra (sables) . . . . . . . . . . . . . . . . . 1

A Daumah (sables). . . . . . . . . . . . . 1

A Omm-Habileh (*id.*) . . . . . . . . . . . 1

A Mekkery (argile). . . . . . . . . . . . . 1

A Aschahab (nom d'un gros village et de son chef, inspecteur de la colonie de tisserands) (sable et argile) . . . . . . . . . . . . . 1
_______

*A reporter.* . . . . . . . . . 12

Journées.

|  |  |
|---|---|
| *A reporter.* . . . . . . . . . | 12 |
| A Gondar (sable et argile) . . . . . . . . . . . | 1 |
| Au territoire du khalifeh d'Abou-Maskah (Masgah) . . . . . . . . . . . | 3 |
| A la résidence d'Amin-Abdoullahi. . . . . . | 2 |
| Au lit du Baṭḥā (vallée des Massālīt des Mouby, etc., qui sont ichthyophages (riche végétation) . . . . . . . . . . . . | 2 |
| A Gondoguin (dont les habitants vivent également de poissons). . . . . . . . | 2 |
| A Wādi-Nimr (vallée occupée par les Arabes Heymāt, émigrés du Dārfoūr) . . . . . . . | 3 |
| A Bétiguin. . . . . . . . . . . . . . . . | $1\frac{1}{2}$ |
| A Fōgué, grand village dont la population est un mélange de Massālīt, Guimr (Ḳimir), Bélālah, etc. . . . . . . . . . . . . . . | 4 |
| Total. . . . . . . | $30\frac{1}{2}$ |

*N. B.* La ville de Fōgué donne son nom au courant dont les Oulād-Raschid habitent les bords; leur chef (*'aḳid* ou *schaykh*) se tient à deux journées de la ville. La rivière n'en est qu'à deux heures.

La comparaison des deux chiffres accusés, l'un par le soldat, l'autre par le faḳīh, pour la distance en journées de Wāra à Fōgué, nous conduit, à très peu près, au rapport que nous avons déjà établi entre les plus longues journées et les plus courtes; car si, au lieu de 19 d'une part et 30 et demi de l'autre, nous prenons pour termes du rapport les nombres ronds, respectivement voisins et plus rapprochés entre eux de 20 et 30, le premier représentant 20 journées de

9 lieues chacune, le second représentera 30 journées de 6 lieues, et chacun des deux une distance de 180 (cent quatre-vingts lieues communes de France).

Quant à la direction « constante » ou générale, indiquée par Abderrahmān pour le voyage entier de Wāra au lac Blanc, voyage de 488 lieues à *peu près*, il est visible qu'on ne peut admettre cette direction qu'avec de grandes sinuosités, puisqu'elle nous mènerait, à *vol d'oiseau*, dans l'Océan Atlantique. Il faut donc croire que la direction véritable n'est sud-ouest qu'au départ, et tourne peu à peu vers le sud, de manière à nous mener, soit au grand marais, où les naturels du Congo placent les sources du Zaïre, soit aux États du roi de Micocco.

Cette discussion est probablement la seule que je me permettrai. Le nombre des itinéraires que j'ai à transcrire, et le nombre de ceux que je pourrais encore recueillir au Caire, si j'avais plus de temps à ma disposition, me font un devoir de livrer le plus promptement possible les matériaux que je possède aux savants qui veulent bien les accueillir, et qui, seuls, peuvent les mettre en valeur.

Paris. — Imprimerie de L. MARTINET, rue Mignon, 2.